Zibia Gasparetto

Autora de mais de quarenta livros, entre crônicas, romances e livros de pensamentos, Zibia Gasparetto cativa leitores a cada dia, contribuindo para o fortalecimento da literatura espiritualista no mercado editorial e para a popularização da espiritualidade. Zibia sempre gostou de escrever e começou a psicografar mensagens e contos logo depois que se casou com Aldo Luiz Gasparetto, em 1946. *O amor venceu* foi o primeiro romance que ela psicografou por meio do espírito Lucius e publicou originalmente em 1958.

© 2013 por Zibia Gasparetto
©iStockphoto.com/ © miss_j

Capa: Vitor Belicia
Projeto Gráfico: Vitor Belicia
Preparação: Mônica Gomes d'Almeida
Revisão: Cristina Peres e Sandra Custódio

1ª edição — 1ª impressão
10.000 exemplares — outubro 2013
Tiragem total 10.000 exemplares

Dados Internacionais de Catalogação na Publicação (CIP)
(Câmara Brasileira do Livro, SP, Brasil)

Gasparetto, Zibia
Momentos de inspiração com Zibia Gasparetto. —
São Paulo : Centro de Estudos Vida & Consciência Editora, 2013.

ISBN 978-85-7722-272-8 (capa dura)
ISBN 978-85-7722-267-4
1. Espiritualidade 2. Livros de frases
3. Reflexões I. Título.

13-11044   CDD-808.882

Índices para catálogo sistemático:
1. Frases : Reflexão : Literatura 808.882

Todos os direitos reservados. Nenhuma parte desta edição pode ser utilizada ou reproduzida, por qualquer forma ou meio, seja ele mecânico ou eletrônico, fotocópia, gravação etc., tampouco apropriada ou estocada em sistema de banco de dados, sem a expressa autorização da editora (Lei nº 5.988, de 14/12/1973).

Esta obra adota as regras do novo acordo ortográfico (2009).

Editora Vida & Consciência
Rua Agostinho Gomes, 2.312 – São Paulo – SP – Brasil
CEP 04206-001
editora@vidaeconsciencia.com.br
www.vidaeconsciencia.com.br

Momentos de inspiração
com Zibia Gasparetto

Neste Momentos de Inspiração, Zibia Gasparetto reúne frases e pensamentos inspiradores que prometem tocar seu coração e despertar sua consciência para os verdadeiros valores do espírito. São reflexões otimistas, com ensinamentos valiosos, perfeitas para serem consultadas e seguidas a qualquer momento do dia.

Errar é natural na aprendizagem, mas usar o erro para anular-se é vitimar-se inutilmente, retardando a tomada de consciência.

Hoje, sinta a presença de Deus, confie no poder divino, que nos ama e tudo dispõe a nosso favor. Abra seu coração para a luz e mentalize energias de perdão, de paz, de alegria e de amor. Firme o propósito de manter essa sintonia, fazendo brilhar a luz que você tem em seu coração.

Todos nós erramos nesta vida. Mas o erro é lição proveitosa e ensina sempre. Deus jamais fecha a porta aos que se arrependem. Sempre lhes dá oportunidade de corrigir o erro e recomeçar.

Fique calmo, firme, confie no bem. Além de ficar protegido, somará energias com os espíritos iluminados.

É chegada a hora do homem aprender que pode evoluir sem sofrer. Que pode ser feliz porque é a alegria e felicidade nosso destino, seja qual for nosso caminho.

O amor nos impulsiona e tudo consegue: força, paciência, coragem, perseverança, porque no fundo, todos sabemos que o amor é a maior força de todas as coisas e que se perseverarmos, ele nos ajudará a vencer.

Ser realista não é ser pessimista. Porque a vida não é triste, nem nos encaminha para o sofrimento. Ao contrário. A vida é alegria, beleza e entendimento, e é pra lá que ela nos quer conduzir. Ser realista é ser bom, útil, acreditar no futuro e no homem.

Cada um segue
no próprio ritmo.
Ser forte e ter a
coragem de enfrentar
os desafios do
amadurecimento é
mérito de cada um.
Mas o amor divino
auxilia e suaviza as
dores do processo.

Aceitar o que não se pode mudar revela sabedoria. Confie na vida. Ela sempre sabe o que é melhor para você.

A justiça de Deus não age pela nossa cabeça, sempre sabe o que faz. Deus está no leme de tudo, Ele é perfeito, sua justiça também é.

O mundo tem muitas coisas boas a oferecer para quem tem a ousadia de buscá-las.

Você está onde se põe. É a lei da vida. Se você escolher se colocar em um lugar melhor, sua vida mudará e as coisas boas começarão a acontecer. A escolha está em suas mãos.

A vida é como se fosse um computador, tendo as leis divinas como programa. Nossas atitudes colocam as variáveis e o programa determina em que condições teremos de viver para alcançar os objetivos da evolução.

Cada um é responsável por suas escolhas: não existe vítima.

Ninguém pode encontrar a felicidade alimentando ilusões que o tempo vai destruir.

Não há nada que o amor incondicional não consiga curar.

No meio da provação mais rude, Deus sempre coloca uma mão amiga e sustentadora para nos ajudar.

A vida trabalha
para a harmonia do
ser. Ninguém pode
ter saúde física e
mental sem limpar
o coração, largar o
passado e perdoar
a ignorância alheia.

O otimismo
vence barreiras
intransponíveis e a
alegria representa
poderoso tônico
para a alma.

A vida responde de acordo com aquilo em que você acredita. Portanto, se não estiver satisfeito com ela, reveja suas crenças, descubra a causa e mude.

A dor, quando vencida, transforma-se em progresso.

A vida não castiga.
Apenas ensina.
De acordo com
suas atitudes, ela
responde com
desafios que abrem
sua consciência e o
fazem amadurecer.
A vida é muito sábia
e trabalha sempre
para o melhor.

Só o bem faz bem.
Quem se vinga está
copiando a maldade,
e a maldade nunca
deve ser copiada.

Por mais bela que pareça a ilusão, sempre acaba na desilusão. Nunca force as coisas quando a vida não quer.

Aprenda a ter paciência com as coisas que não pode mudar. Essa é a sabedoria da vida.

A vida é uma dádiva divina, mas viver bem é responsabilidade de cada um.

Ninguém é de ninguém. As pessoas são livres para escolher o próprio caminho. Com o tempo, só o amor sem apego sobrevive.

Você é livre para escolher o que quiser. O limite é você quem impõe. Você é dono de sua vida.

O amor é um sentimento tão precioso e profundo que, quando o encontramos sincero, é bom valorizar.

O reflexo da luz é a alegria. O resultado da alegria é a força no bem. A força no bem é a alavanca do progresso. O progresso abrirá o entendimento da verdade. E a verdade vos tornará livres!

Quando duas almas se amam de verdade, sentem prazer em compartilhar da mesma estrada.

Todos fomos feitos para amar. O amor é a lei da vida. Ninguém pode viver sem dar amor.

O amor precisa ser veículo de libertação, não de apego. Quem ama verdadeiramente aprende a respeitar a liberdade de escolha do ser amado.

Ser humilde é
aceitar aquilo
que é, reconhecer
qualidades e pontos
fracos que possui
e esforçar-se para
melhorar a cada dia.

Não julgue ninguém. Lembre-se de que cada um age acreditando que está fazendo o melhor para si, e não com a intenção de magoar as pessoas.

Ninguém é
vítima. Cada um
é responsável
por suas atitudes
e são elas que
determinam
os fatos que a
pessoa atrai em
sua vida.

Cada um é o que é. Cada um é o que escolhe ser. Não com palavras, mas com atos.

Ninguém precisa
ser diferente
para ser querido.
Basta ser o
que é.

A fé é a força que alimenta o espírito. Se juntarmos a fé em Deus à sinceridade e pureza de nossa alma, removeremos todos os obstáculos para nosso progresso e felicidade.

Não podemos esquecer que somos livres para escolher nossas atitudes e comportamentos, mas obrigados a colher os resultados deles.

Cedo ou tarde teremos que arcar com as consequências das nossas ações. A verdade pode doer, mas sempre cura.

Deus não castiga ninguém. Permite que cada um colha de acordo com a semeadura, mas só o faz depois de certo tempo para que o ser possa evoluir, entender mais e aproveitar a lição.

Conheça os romances que fazem diferença na vida de milhões de pessoas.

Zibia Gasparetto

A verdade de cada um
A vida sabe o que faz
Entre o amor e a guerra
Esmeralda - nova edição
Espinhos do tempo
Laços eternos
Nada é por acaso
Ninguém é de ninguém
O advogado de Deus
O amanhã a Deus pertence
O amor venceu
O fio do destino
O matuto
O morro das ilusões
Onde está Teresa?
Pelas portas do coração - nova edição
Quando a vida escolhe
Quando chega a hora
Quando é preciso voltar

Se abrindo pra vida
Sem medo de viver
Só o amor consegue
Somos todos inocentes
Tudo tem seu preço
Tudo valeu a pena
Um amor de verdade
Vencendo o passado

Ana Cristina Vargas

A morte é uma farsa
Em busca de uma nova vida
Em tempos de liberdade
Encontrando a paz
Intensa como o mar

Amadeu Ribeiro

O amor nunca diz adeus
A visita da verdade

Eduardo França

A escolha
A força do perdão
Enfim, a felicidade

Lucimara Gallicia
O que faço de mim?
Sem medo do amanhã

Sérgio Chimatti
Apesar de parecer... ele não está só
Lado a lado

Leonardo Rásica
Luzes do passado

Márcio Fiorillo
Em nome da lei

Flávio Lopes
A vida em duas cores
Uma outra história de amor

Floriano Serra
Nunca é tarde
O mistério do reencontro

Evaldo Ribeiro
Eu creio em mim

Marcelo Cezar

A última chance
A vida sempre vence - nova edição
Ela só queria casar...
Medo de amar - nova edição
Nada é como parece
Nunca estamos sós
O amor é para os fortes
O preço da paz
O próximo passo
O que importa é o amor
Para sempre comigo
Só Deus sabe
Um sopro de ternura - edição revista e atualizada
Você faz o amanhã

Mônica de Castro

A atriz - edição revista e atualizada

Apesar de tudo…

Até que a vida os separe

Com o amor não se brinca

De frente com a verdade

De todo o meu ser

Gêmeas

Giselle – A amante do inquisidor - nova edição

Greta

Jurema das matas

Lembranças que o vento traz

O preço de ser diferente

Segredos da alma

Sentindo na própria pele

Só por amor

Uma história de ontem - nova edição

Virando o jogo

Conheça mais sobre espiritualidade e emocione-se
com outros sucessos da Vida & Consciência.
www.vidaeconsciencia.com.br

Alma e Consciência TV.
Uma maneira moderna e prática de se
conectar com a espiritualidade.
Acesse: www.almaeconscienciatv.com.br

FIQUE POR DENTRO DE NOSSAS REDES SOCIAIS!

/vidaeconsciencia
/zibiagasparettooficial

@vidaconsciencia
@zibiagasparotto

Rua Agostinho Gomes, 2.312 – SP
55 11 3577-3200

grafica@vidaeconsciencia.com.br
www.vidaeconsciencia.com.br